AF357753

CATALOGUE

D'UNE COLLECTION

DE

TABLEAUX

ANCIENS

DES

Écoles Hollandaise, Flamande & Française

DONT LA VENTE AUX ENCHÈRES PUBLIQUES AURA LIEU

HOTEL DES VENTES, RUE DROUOT, Nº 5

GRANDE SALLE Nº 5, AU PREMIER ÉTAGE

Le Samedi 2 Décembre 1865

A DEUX HEURES TRÈS-PRÉCISES.

Par le ministère de **Mᵉ Charles PILLET**, Commissaire-Priseur,
rue de Choiseul, 11,
Assisté de **M. FEBVRE**, Expert, rue Laffitte, 12,
Chez lesquels se distribue le présent Catalogue.

EXPOSITION PUBLIQUE

Le Vendredi 1ᵉʳ Décembre 1865, de 1 heure à 5 heures.

PARIS

RENOU & MAULDE
IMPRIMEURS DE LA COMPAGNIE DES COMMISSAIRES-PRISEUR
Rue de Rivoli, 144.

1865

CATALOGUE

D'UNE COLLECTION

DE

TABLEAUX

ANCIENS

DES

Écoles Hollandaise, Flamande & Française

DONT LA VENTE AUX ENCHÉRES PUBLIQUES AURA LIEU

HOTEL DES VENTES, RUE DROUOT, N° 5

GRANDE SALLE N° 5, AU PREMIER ÉTAGE

Le Samedi 2 Décembre 1865

A DEUX HEURES TRÈS-PRÉCISES.

Par le ministère de Me **CHARLES PILLET,** Commissaire-Priseur,
rue de Choiseul, 11,
Assisté de **M. FEBVRE,** Expert, rue Laffitte, 12,
Chez lesquels se distribue le présent Catalogue.

EXPOSITION PUBLIQUE

Le Vendredi 1er Décembre 1865, de 1 heure à 5 heures.

PARIS

RENOU & MAULDE
IMPRIMEURS DE LA COMPAGNIE DES COMMISSAIRES-PRISEUR
Rue de Rivoli, 144.

1865

CONDITIONS DE LA VENTE

Elle sera faite au comptant.

Les Acquéreurs paieront, en sus des adjudications CINQ CENTIMES PAR FRANC applicables aux frais.

DÉSIGNATION

DES

TABLEAUX

BOUCHER (François)

1 — Jeune Femme tenant un bouqnet de roses. (Pastel.)

2 — La Poésie. (Pastel.)

BOUCHER (Ecole de)

3 — La Bonne Mère.

4 — Le Grand Papa.

BOUCHER (École de)

5 — Vertume et Pomone.

CARESME

6 — Nymphes et Satyres. Deux pendants. (Gouaches.)

CARRACHE (Louis)

7 — Le Christ marchant à la mort.

CHARDIN (SIMÉON). Signés

8 — Légumes et Ustensiles de cuisine sur des tables. Deux
pendants.

9 — Sur une table, en partie couverte d'une nappe blan-
che, sont des fruits, du pain, du sucre, une bouteille, un
verre, un plat et une cafetière en argent.

CHAPERON

10 — Léda entourée d'Amours.

COLONIA

11 — Pâtres et Villageoises gardant des animaux. Deux
pendants.

CORRÈGE (Genre de)

12 — La Vierge et Jésus.

COLOMBEL

13 — L'Enlèvement d'Europe.

COYPEL

14 — Le Triomphe d'Emphytrite.

La déesse est assise sur un char traîné par deux dau-
phins ; dans la mer se jouent des naïades, des tritons et
des Amours. Sujet gravé.

DEBUCOURT (Genre de)

15 — Le Théâtre des Marionnettes.

DENNER (Genre de)

16 — Femme âgée en buste.

DELARIVE (Attribué à)

17 — Paysages avec marches d'Animaux. Deux pendants.

DROUAIS

18 — Les Apprêts pour le Bal.

GUARDI

19 — Environs de Venise.

Au centre, une maison rustique, à la porte quelques personnages et un homme à cheval ; dans le fond et à droite, une rivière, où un cavalier fait boire son cheval.

20 — Pendant du précédent, même genre de composition.

21 — Les Lagunes de Venise. (Deux pendants.)

GOUERMANN (J.).

22 — Moutons au repos.

23 — Chevaux au pâturages. (Deux pendants.)

HEMELING

24 — La Vierge tenant sur ses genoux l'Enfant Jésus.

HILAIRE

25 — Le Sommeil de Psyché.

HOLBEIN (École de)

26 — Personnage allemand représenté en buste.

JANSSENS

27 — Portrait d'un officier flamand, en buste, de trois quarts à droite, cheveux courts, moustaches et barbiche, collerette à fraise, belle armure damasquinée d'or.

28 — Portrait de la femme du précédent personnage, en buste de trois quarts à gauche, robe noire avec chaîne, large colerette, cheveux bruns relevés, la main droite est appuyée sur sa poitrine.

JEAURAT

29 — Le Marché des Innocents.

KESSEL (Van)

30 — Deux singes dans un paysage.

LAGRENÉE

31 — Les Français en Palestine.

LEDOYEN

32 — Nymphe surprise par un satyre.

LEDOYEN (Attribué à)

33 — L'Heureux Couple.

LAFAGE

34 — Honneurs rendus aux mânes d'un personnage antique.

MAAS (Nicolas)

35 — Jeune Seigneur hollandais.

MOLA (Francesco)

36 — Anachorète prisonnier de brigands.

37 — Pèlerins dans une campagne accidentée.

MIREVELT

38 — Portrait en buste d'un seigneur hollandais.

NORONI (J.-B.)

39 — Portrait en buste d'un gentilhomme italien.

NATOIRE

40 — Allégorie de la Paix.

OUDRY (Jean-Baptiste). Signés

41 — Levrier dans un paysage.

42 — Levrier et Canards sauvages.

POURBUS (F.)

43 — Portrait d'un officier espagnol.

> Vu de trois quarts, à droite, cheveux courts, barbe longue ; il porte une cuirasse damasquinée dominée par une large collerette garnie de guipure.

44 — Portrait d'une dame espagnole

> Presque de face, jusqu'aux genoux, robe de satin blanc brodée d'or, large collerette blanche ; cheveux noirs relevés.

45 — Portrait d'une princesse de la maison de France.

PHILIPPE (Napolitain)

46 — Combat entre cavaliers et fantassins.

47 — Champ de bataille après le combat.

RESTOUT

48 — La Résurrection de Lazare.

ROSALBA (Carirro, Attribué à)

49 — Jeune Femme les épaules nues ; elle retient une fourrure d'hermine qui entoure son corps.

ROSA DE TIVOLI

50 — Le Retour à la ferme.

51 — Pâtre italien conduisant des animaux.

SANTERRE

52 — Portrait en buste d'un officier supérieur sous
Louis XV.

TOURNIÈRES

53 — Les Acteurs de la Comédie-Française réunis dans
un parc ; quelques-uns entourent une teble servie.
D'autres, échauffés par des libations, se querellent.

54 --- Une Soirée.

Quelques joueurs entourent une table; d'autres
personnages font de la musique. Sur le devant est une
dame assise près de ses deux enfants; dans le fond,
des serviteurs préparent des rafraîchissements.

TINTORET (Attribué à)

55 — La Chute des anges rebelles.

VALIN

55 — Bacchante pressant des raisins.

57 — Bacchante tenant une coupe.

VOS (Corneille de)

58 — Portrait d'une dame flamande sous un riche costume.

WATTEAU DE LILLE

59 — Visite à la Ferme.

A la porte d'une ferme est une dame et sa servante causant avec une villageoise; sur le devant, à terre, sont des ustensiles de cuisines; à gauche, plusieurs vaches à l'abreuvoir, puis un paysans près d'un cheval; plus loin, grande foule de villageois célébrant une fête; dans le fond, l'entrée d'un village, une rivière bornée par des coteaux.

Ce tableau rappelle en tout les compositions d'Oudry.

WATTEAU (Antoine). D'après

60 — Le Contrat de la mariée.

WITTE (Emmanuel de)

61 — Intérieur d'un temple protestant.

WYTHOS

62 — Oiseaux exotiques. (Deux pendants.)

ÉCOLE FRANÇAISE

63 — Intérieur de parcs, deux pendants. (Dessins à la mine de plomb.)

ÉCOLE ALLEMANDE

64 — Capitaine suisse tirant une épée.

65 — Autre personnage coiffé d'une toque.

ÉCOLE HOLLANDAISE

66 — Marines; deux pendants.

67 — Portraits de Montaigne et de Helvétius. Gravures en couleur.

68 — Deux armoiries peintes et dorées.

69 — Une autre, sur un plus grand panneau.

70 — Sous ce numéro, quelques tableaux non catalogués.

Renou et Maulde, imprimeurs de la Compagnie des Commissaires-Priseurs, rue de Rivoli, 144.   48135